PASSÉ, PRÉSENT

ET AVENIR

DE GRENELLE.

Grenelle. — *1848.*

SOMMAIRE.

Grenelle après le déluge.

Les Romains à Grenelle. — Histoire de Labiénus et de Camulogène. — Clovis et la plaine de Grenelle. — Les moines cultivateurs. — Inondations. — La châsse de sainte Geneviève.

Grenelle et la République.

Explosion de la poudrière. — Conjuration de Grenelle. — Exécution militaire en 1815. — Puits de Grenelle. — Le Beau-Grenelle. — La Rosière de Grenelle. — Grenelle et le conseil municipal de Vaugirard en 1828. — Dissensions. — Grenelle indépendant (1830) etc.

Mœurs du Pays.

Les propriétaires. — Les rentiers. — Les maraîchers. — Les citoyens honoraires. — Les ouvriers. — Institutions populaires et charitables. — Association de l'usine Derosne et Cail. — Esprit de clocher. — Garde nationale, etc.

Avenir du Pays.

Vrai centre de Grenelle. — Les fabriques et le quartier Viollet. — Valeur future des terrains. — Valeurs locatives, etc., etc., etc.

Imprimerie de BEAU, à Saint-Germain-en-Laye.

Au sud de Paris, sur la rive gauche de la Seine, s'étend une vaste plaine au milieu de laquelle une ville vient de prendre naissance. Ce n'était jadis qu'une Garenne (Garanella, comme disent les anciens titres), d'où l'on a fait ensuite *Guarnelle*, puis *Grenelle*, nom qui désigne aujourd'hui cette portion de territoire, naguère détachée de Vaugirard. Grenelle, aussi vaste, presqu'aussi peuplé déjà que Vaugirard, plus ancien que lui, semble appelé à un avenir que son passé ne donnait pas lieu d'espérer. Etudier un instant ce pays en ce que l'histoire nous a transmis sur son origine, considérer son état actuel et en augurer les futurs développements, tel est le triple point de vue de cet écrit, dont nous offrons l'hommage à ses paisibles habitants, nos concitoyens.

PASSÉ DE GRENELLE.

—

Grenelle n'a point de passé, puisqu'il est né d'hier : il y a cependant quelqu'intérêt à connaître ce qui est advenu sur ce sol que l'on foule aux pieds. Grenelle avant de prendre rang de cité n'était qu'une plaine ; mais cette plaine est aux portes de Paris et les événements qui ont agité la grande capitale ont dû laisser en notre pays quelque trace et quelque souvenir. Les anciens écrivains qui ont avant nous étudié son origine, ont poussé leurs recherches jusqu'aux temps les plus reculés. Avant Grenelle, avant Vaugirard, et sur leur territoire, il existait, nous assurent-ils, un grand lac alimenté par les eaux de la Seine et de la Bièvre et qui se prolongeait depuis Corbeil jusqu'aux portes de Mantes. Ses eaux devaient couvrir les plaines de Vitry et de Maisons ainsi que celles de Grenelle, de Vaugirard et d'Issy. Le chroniqueur Helgaud, dans la vie du roi Robert, dit que Vanves (Banna ou Vanna, qui signifie pêcherie en latin du moyen âge) était la demeure de pêcheurs. S'il est vrai que Vanves était un hameau composé de pêcheurs, on en conclura que la Seine dut à la fois l'avoisiner et baigner les bords d'Issy. Nous devons ajouter que ce fait d'une bien haute antiquité, appuyé, il est vrai, sur de simples conjectures, peut expliquer cependant l'état géologique et minéralogique de Vaugirard et de ses alentours.

Sans discuter une pareille assertion qui rattache ainsi notre histoire aux premiers âges du monde et présente dès l'abord le passé de Grenelle d'une manière assez imposante, nous recueillerons un souvenir moins problématique et plus récent. Au temps de l'ancienne Gaule, sous l'empire de César, la plaine de Grenelle, de Vaugirard et d'Issy, alors entièrement déserte et non complétement desséchée, vit succomber une armée de Gaulois qui voulaient secouer le joug des Romains. Ces conquérants, maîtres de Lutèce (ancien nom de Paris), mais assez mal affermis dans leur domination, ne pouvaient la maintenir dans les environs de cette cité. Labiénus, lieutenant de César, avait son camp sur la rive droite de la Seine, tandis que les Gaulois, dans une position défendue par un marais, se tenaient dans la plaine sur la rive gauche. Le général romain, traversant le fleuve une nuit par un temps d'orage, fondit à l'improviste sur le camp de ses ennemis, et les attaqua en tête pendant que deux autres corps détachés de son armée les prenaient en flanc sur deux points différents. Les Gaulois, surpris, combattirent néanmoins avec le plus grand courage, soutenus par l'exemple de leur vieux chef Camulogène, qui malgré son âge se portait partout où était le danger; mais tous leurs efforts ne purent arracher la victoire. Le massacre fut terrible. Le vieux chef des Gaulois tomba dans la mêlée, et périt les armes à la main avec la plus grande partie de son armée. Le lieutenant de César demeura donc vainqueur et maître du champ de bataille.

Des souvenirs plus pacifiques se rattachent à l'ancien état de la plaine de Grenelle. Ce sol troublé longtemps par des luttes sanglantes demeura paisible sous la loi chrétienne, quand il devint la propriété de religieux qui le rendirent fécond par leurs travaux et leurs sueurs. Clovis devenu chrétien ayant fondé par les conseils de Clotilde et de sainte Geneviève la basilique de saint Pierre et de saint Paul, dite plus tard Sainte-Geneviève-du-Mont, donna aux religieux chargés de la desservir Grenelle, Vanves et une partie de Vaugirard. On sait avec quelle ardeur les anciens moines cultivaient le sol que la libéralité des rois ou des simples fidèles mettait en leur possession.

Une grande partie de la France a été défrichée ainsi par leurs mains. Durant ce même temps une autre abbaye non moins célèbre, celle de Saint-Germain-des-Prés, défrichait de son côté la terre d'Issy avec celle de Valboistron (l'ancien Vaugirard), dépendante de saint Germain évêque de Paris, qui fut gratifié de ce fief par le roi Childebert en l'an 558. Ces plaines, livrées ainsi à la culture par des soins intelligents, eurent beaucoup à souffrir de ces inondations retracées si souvent dans les récits historiques du moyen âge.

Nos vieilles chroniques mentionnent notamment une crue d'eau prodigieuse en 1206, laquelle faillit tout engloutir, les arbres, les champs, les maisons et les bourgs. On eut recours à sainte Geneviève, patronne de Paris; ses reliques, portées processionnellement dans une châsse magnifique par des religieux, pieds nus et la corde au cou, eurent à traverser, dit Henry Sauval, un pont tellement ébranlé par l'impétuosité des flots, que les pierres s'en détachaient une à une. La foule immense qui suivait la châsse, en chantant des psaumes, passa toutefois saine et sauve ; mais, à peine fut-elle à l'autre bord, que le pont emporté croula avec fracas. De ce jour-là, les eaux s'abaissèrent et il cessa de pleuvoir, et bientôt la Seine rentra dans son lit. (Henry Sauval, *Histoire et recherches des antiquités de Paris.*)

Les anciens historiens de Paris parlent également d'une île de Grenelle ; c'est sans doute cette étroite langue de terre qui, partant du pont de Grenelle, se prolonge sur la Seine en face le port et la gare de la nouvelle cité. Cette île était autrefois bien plus considérable qu'aujourd'hui. D'après Sauval, elle n'était guère moins grande que celle de la Cité, et plus grande que l'île Notre-Dame, située à quelque demi-lieue de Paris, presque vis à vis de Chaillot, devant la Savonnerie, comme dit cet historien; elle fut appelée Grenelle, à cause de la plaine de Grenelle qui lui était parallèle, *et pour lui faire perdre le vilain nom que le vulgaire lui donnait.* On s'est proposé quelquefois d'y établir un cimetière. Par un arrêt du conseil, il fut statué l'an 1554 qu'on y ensevelirait les pauvres de l'Hôtel-Dieu. Toutefois, cet arrêté ne fut point mis à exécution, par un motif assez singulier. « Sur ce que la ville, un peu après, dit Sauval, vint à représenter qu'il serait à craindre que ceux qui y conduiraient les corps, ne les jetassent dans la rivière pour en avoir plus tôt fait, on ne passa pas outre. En 1619, continue l'historien, on proposa encore, mais sans effet, d'y établir une manufacture appelée l'Hôpital des sept œuvres de la Miséricorde; et même on avait songé d'y faire une tuerie. Elle est toujours vague, car elle l'a été de tout temps, sert toujours de pâture et souvent est inondée par les débordements de la Seine. »

Nous aurions aimé à retrouver dans la plaine de Grenelle les souvenirs de quelques légendes, de quelques vieilles traditions relatives à l'établissement de la foi chrétienne dans nos contrées; mais ces antiques souvenirs semblent se concentrer sur l'autre rive du fleuve, à Montmartre, ou à Saint-Denis. Ici, nous ne rencontrons aucun vestige d'église, d'oratoire fondés dans ces premiers siècles. L'église de Vaugirard, dont les fondements furent jetés l'an 1242, est l'édifice le plus ancien des environs. Cette église, qui fut dédiée d'abord sous l'invocation de la bienheureuse Vierge Marie, ne tarda pas à être placée sous un double patronage. En 1453, les reliques de saint Lambert, évêque de Maestricht, données sans doute par l'abbaye de Saint-Germain-des-Prés, ayant été apportées en grande pompe à Vaugirard, une confrérie s'établit en l'honneur de ce héros du christianisme. Le martyr de Maestricht fut désormais honoré comme second patron de l'église, qui reçut le nom de Notre-Dame de Saint-Lambert. Ce saint est demeuré le patron de Vaugirard. Sa fête est célébrée le 17 septembre.

Un château qui ne paraît pas avoir été sans importance avait été bâti, à une époque que nous ne saurions préciser, dans la plaine de Grenelle. Il formait sans doute une dépendance des possessions des religieux. On en voit encore aujourd'hui quelques restes, ainsi que des bâtiments d'une ferme adjacente. Il fut choisi à la fin du dernier siècle pour l'établissement de cette célèbre poudrière dont l'explosion ébranla plusieurs quartiers de Paris, et coûta la vie à quelques centaines de personnes. Etablie au moment où toutes les forces de l'Europe réunies menaçaient la République, dit un écrivain, la poudrière de Grenelle fut longtemps seule à fournir de poudre cette foule innombrable de volontaires, que l'enthousiasme de la liberté faisait voler avec tant d'ardeur à la défense des frontières. Le chimiste Chaptal, que le gouvernement républicain avait mis à la tête de cet établissement, était parvenu, par une nouvelle application de son art, à fabriquer dans cette manufacture des quantités de poudre incroyables. Il en sortait chaque jour des chariots chargés qui allaient approvisionner nos places et nos armées. La poudrière de Grenelle était regardée comme un des remparts de la République.

C'est le 31 août 1794, à 7 heures du matin, qu'eut lieu, par un accident dont on n'a jamais pu découvrir la cause, l'explosion de la poudrière de Grenelle. L'effet en fut terrible et l'épouvante fut générale. La plupart des villages voisins eurent leurs maisons renversées. Nos pères en gardent encore un triste souvenir. Une pierre lancée à près de deux kilomètres de distance, se voit encore à la porte de la manufacture de M. Payen (côté de la rue de Javelle) à la place même où elle est tombée. Elle porte la date du 14 fructidor 1794.

La conjuration dite de Grenelle, formée contre le Directoire et qui éclata le 9 septembre suivant, fut regardée comme une conséquence du fait précédent. Les conjurés, au nombre de 7 à 800, s'étant portés au camp de Grenelle, furent vaincus et dispersés. Plusieurs perdirent la vie; d'autres furent arrêtés, le plus grand nombre se sauva à la faveur de la nuit. Enfin, c'est dans cette même plaine de Grenelle que, depuis le siècle dernier, se faisaient les exécutions militaires. Cet usage se conserva jusqu'en 1815. Là sont tombés sous le plomb mortel plusieurs officiers distingués de l'empire, et parmi eux le jeune et infortuné Labédoyère... Mais éloignons nos regards de ces lugubres spectacles.

Avant de terminer cette série de faits dont l'ensemble forme l'histoire de la plaine où s'élève aujourd'hui notre cité, disons ici quelques mots sur le puits de Grenelle dont le monde de la science a suivi l'entreprise avec un si haut intérêt. Il fut commencé le 30 novembre 1833 par M. Mulot, qui avait soumissionné cette grande entreprise. Le cahier des charges lui permettait de pousser le percement jusqu'à 400 mètres, après qu'il en aurait obtenu l'autorisation du conseil municipal. En 1840 arrivé à 500 mètres, il lui fallut solliciter une nouvelle autorisation et un supplément d'allocation; et comme rien ne venait au gré de son impatience, M. Mulot, animé d'un patriotisme trop rare de nos jours, déclara qu'il poursuivrait le forage à ses frais, et il reprit sa sonde. Il prit presque 40,000 f. sur sa propre fortune : il était prêt à dépasser cette somme; il allait peut-être consommer sa ruine lorsque, le 26 février 1841, enfin l'eau jaillit, et M. Mulot recueillit la récompense d'une générosité sans analogue jusqu'à lui et à laquelle nous sommes redevables d'un monument grand par lui-même autant qu'il est précieux pour l'exemple qu'il lègue à l'avenir de l'industrie artésienne.

Il est temps de concentrer notre attention sur la ville de Grenelle proprement dite, et de faire connaître sa création et ses accroissements successifs. Il y a une vingtaine d'années, le sol qui s'étend au delà du champ de Mars, livré encore presqu'entièrement à la culture, offrait à peine çà et là quelques constructions isolées. La toute-puissance de l'association a fait surgir comme par magie une ville sur une plaine déserte pendant tant de siècles. En 1824 M. Léonard Violet, auquel s'unit plus tard M. Letellier, acheta les terrains de cette plaine dans le dessein d'y fonder un village. Il les divisa par lots afin de les vendre partiellement; mais il comprit bientôt qu'une société de capitalistes pouvait seule tirer tout le parti que comportait la situation avantageuse de cette localité. Ce fut alors que s'organisèrent par les soins de MM. Pérée et Guillot ces sociétés connues sous le nom de Compagnie des Pont, Gare et Port de Grenelle, et de Société des terrains et bâtiments de Grenelle, dont M. Juge, depuis maire de la commune, fut le conseil et l'un des principaux actionnaires.

Le capital de ces deux sociétés s'élevait à dix millions six cent mille francs. Leur but était la mise en valeur des terrains au moyen de la construction : 1° d'un pont destiné à relier Grenelle à la route de Versailles et aux communes populeuses d'Auteuil et de Passy; 2° d'une gare devant servir de marché flottant; 3° d'un port et d'un quai de 1000 mètres d'étendue pour le débarquement des marchandises provenant de la Basse-Seine; 4° d'un certain nombre de maisons devant former le noyau d'un nouveau village. A ces projets se joignit celui d'une route de transit.

Tous ces travaux ont été exécutés. Dès ce moment on vit se former de ce côté un quartier distinct sous l'invocation de saint Jean-Baptiste et sous la dénomination de *Beau-Grenelle*. D'après les plans de M. Herr, arpenteur géomètre, et sous la direction de M. Bontat, architecte habile, s'élevèrent comme par enchantement des maisons gracieuses, de vastes hôtels, de charmantes villas entourées de jardins. Un pont très-élégant fut construit sur la Seine, en face de la belle avenue d'Auteuil. La ligne des terrains qui bordent la rive gauche, embellie de superbes quais, fut transformée en un port vaste et commode. Une digue qui porta la navigation sur la rive droite servit à former une gare à eau courante, destinée au stationnement des bateaux et des marchés flottants. Des magasins, des entrepôts, des routes nouvelles favorisèrent le commerce et l'échange des marchandises qui remontent la Seine pour l'approvisionnement de la Capitale. Un petit théâtre d'une forme agréable fut également construit. Les compagnies des terrains firent face aux énormes dépenses qu'exigèrent ces divers établissements de la commune naissante.

Le 27 juin 1824 eut lieu la fête d'inauguration du Beau-Grenelle célébrée par la dotation d'une rosière et une distribution de secours aux pauvres. Le couronnement de la rosière se fit sur la place Violet au milieu d'un concours immense de population. La plaine de Grenelle présentait un coup d'œil bien nouveau pour elle. Une multitude innombrable se livrait à des jeux de toute espèce au milieu de constructions naissantes ou inachevées, elevées sur cette plage où naguère encore on n'apercevait que quelques paisibles agriculteurs. Un banquet servi sous des tentes réunit 500 personnes de l'élite de la société parisienne. Un bal et un feu d'artifice terminèrent cette mémorable journée. Disons que ce fut une heureuse pensée pour la prospérité de notre terre, que cette fête honnête et joyeuse, ainsi placée sous une inspiration de charité et de vertu.

Grenelle ne tarda pas à se constituer en commune. Dès l'an 1828 quelques dissensions dans le sein du conseil municipal de Vaugirard, relatives aux améliorations qu'exigeait le pays de Grenelle, avaient donné lieu à des pensées de séparation qui en 1829 devinrent plus précises et se formulèrent alors en propositions nettes et pressantes. Enfin le 30 décembre 1830 une ordonnance royale prononça l'érection de la nouvelle commune. Un conseil municipal fut formé selon les prescriptions de la loi. M. Juge fut installé maire, et l'on choisit quelques années après pour la Mairie un assez gracieux édifice convenablement placé au centre du beau quartier, et dont le jardin ouvert au public offre aux habitants de Grenelle une promenade agréable et voisine de leur demeure.

Mais un autre édifice semble mériter plus particulièrement notre attention. A tout être intelligent il faut, outre sa demeure propre, un asile particulier de prière et de paix où il puisse adorer Dieu et le bénir. La compagnie des terrains avait compris ce besoin. Elle eut l'honneur de commencer les travaux d'une église dont Mme la duchesse d'Angoulême posa la première pierre le 2 septembre 1827. Elle était accompagnée de Mademoiselle, de M. de Quelen, Archevêque de Paris, du Préfet de la Seine et des autres notabilités du département. Cette même compagnie en surveilla l'exécution, et après avoir fourni généreusement aux frais considérables qu'elle nécessita, elle fit don à la commune de cet edifice, aujourd'hui l'un des principaux ornements de la jeune cité.

L'église de Grenelle fut bénie par M. Quentin, promoteur de l'archevêché de Paris, et ouverte pour les cérémonies du culte divin, le dimanche 3 juillet 1831. Elle fut desservie pendant un mois seulement par M. l'abbé Bauchy, vicaire de Vaugirard, puis ensuite par

M. Réal, curé de Maule, au diocèse de Versailles, devenu, par suite des événements de juillet 1830, aumônier de l'hospice des enfants malades, rue de Sèvres. Il continua d'y célébrer le service divin, d'y remplir toutes les fonctions ecclésiastiques, l'espace d'environ quatre ans. Le 8 novembre 1835, l'église de Grenelle ayant été érigée en succursale par le gouvernement et par une ordonnance de Mgr. l'archevêque, M. Georges Philippe fut installé premier curé, desservant de l'église de Grenelle, par M. James, grand vicaire; il l'administra jusqu'au 18 octobre 1840, où M. Mayeux, curé actuel, lui succéda dans les fonctions du saint ministère.

PRÉSENT DE GRENELLE.

Voilà donc Grenelle constitué en commune indépendante, en paroisse, et poursuivant librement le cours de ses destinées. On peut dire que Vaugirard n'a point gagné à ce démembrement d'une partie si notable de son territoire. En effet, quoique plus peuplé et plus important sous le rapport commercial, Vaugirard, mal construit et d'un aspect général peu attrayant, ne doit-il pas le céder à Grenelle, avec son élégant quartier, son littoral orné de jolis points de vue? Grenelle, malgré ses sables et son soleil, comparé à son triste voisin, n'est-il pas un gracieux pays, peu bruyant, d'habitudes paisibles et douces, qui peut au besoin servir de retraite à certain monde élégant et artiste, auquel le voisinage de la capitale est particulièrement nécessaire? Aussi voyons-nous Grenelle choisi de préférence pour l'établissement d'un assez grand nombre de pensions de jeunes garçons et de jeunes filles; populations adolescentes, épanouies dans un air libre et pur, qui vont bien à notre jeune cité. Les maisons, les arbres, les habitants semblent être ainsi du même âge, et tous sortis d'une même création.

La superficie de Grenelle, déjà considérable et qui compte environ 160 hectares, pourra s'accroître encore prochainement. Le conseil municipal est en instance auprès du ministre de l'Intérieur, afin d'obtenir l'adjonction à Grenelle d'une fraction de la commune d'Issy aujourd'hui renfermée dans l'enceinte des fortifications. La situation actuelle est très-incommode pour une partie des habitants, auxquels la fréquentation de l'église et de l'école d'Issy est devenue impossible, le chemin leur étant coupé par le mur d'enceinte : de son côté Grenelle, déjà mal à l'aise dans son étroite école, se voit contraint de leur en refuser l'entrée. Il est à désirer que cette question, intéressante en ce qu'elle touche surtout aux besoins moraux du pays, soit promptement résolue.

La population de Grenelle est aujourd'hui d'environ huit mille âmes, dont une moitié appartient à la classe ouvrière ; le reste se compose en majeure partie d'employés, de rentiers, et d'un certain nombre de propriétaires. On ne doit pas omettre dans ce dénombrement une trentaine de maraîchers, restes vénérables de l'ancien Grenelle, excellentes gens d'ailleurs, laborieux, honnêtes, mais trop amis du passé, et d'avance opposés à toute innovation qui tendrait à changer les habitudes ou la physionomie du pays. Ainsi constitué, Grenelle présente les éléments nécessaires à toute société : une aristocratie d'élégants propriétaires, une nombreuse population industrielle, maîtres, contre-maitres et ouvriers ; enfin, comme élément agricole, les quelques maraîchers que nous venons de mentionner.

Il existe peu de liens entre ces diverses classes. Grenelle, nous ne le cacherons pas, n'a point de société proprement dite. Tout se borne à de simples relations commerciales. Les propriétaires se connaissent à peine et ne se fréquentent point. De leur côté, les employés ne peuvent guère être considérés que comme des citoyens honoraires du pays ; ils mangent et dorment à Grenelle ; mais ils vivent à Paris. Dans les courts instants qu'ils y passent, Grenelle n'est pour eux qu'un lieu champêtre de délassement et de jardinage. La vie de famille exclusive et casanière leur suffit. « Nous vivons entre nous, » disent-ils. Ce mot est court ; répond-il bien à tout ?

La population ouvrière est pauvre, chacun le sait et le dit : mais il en est trop qui l'oublient. Presque tous les gens de travail auraient besoin d'assistance charitable, tant les salaires sont minimes, les chômages fréquents, les vivres chers, et nombreux les enfants. On accuse assez légèrement peut-être nos ouvriers de déréglement et de désordre. Ce blâme voudrait des restrictions. Ils sont ce que le temps les fait, ce qu'ailleurs aussi sont leurs pareils ; laborieux d'ordinaire, sociables aux ateliers, pas trop emportés dans la famille; mais insoucieux du lendemain, affairés le dimanche, oisifs et débauchés le lundi. Le besoin matériel les absorbe; intelligence, morale et foi, tout cela n'a plus de sens pour eux : l'instinct reste, mais la vie, l'étincelle intérieure est éteinte, ou dort au moins bien avant sous la cendre.

Qui la réveillerait? De la part de la classe aisée peut-être, une sollicitude plus manifeste pour la misère, un dévouement vrai qui rappellerait la confiance, d'utiles institutions. Quelques essais sont tentés en ce sens, mais ils sont vagues encore et bien insuffisants.

Certains chefs d'ateliers paraissent en effet avoir le pressentiment du besoin que nous signalons. Les ouvriers de l'usine de M. Derosne et Cail se sont associés pour une cotisation d'un franc par paie ou par mois. Au moyen de ces fonds accumulés, on peut délivrer à chaque ouvrier de l'usine, blessé en travaillant, un secours de 2 fr. par jour pour lui et sa famille. Plus tard, on l'espère, ce secours s'étendra aux malades. On comprend tout le bienfait de cette généreuse et intelligente association. Mme la duchesse d'Orléans a bien voulu l'encourager par un don de deux mille francs.

On parle en outre d'une bibliothèque populaire, dont les livres, la plupart d'instruction spéciale pour les ouvriers, ou de délassement, sont mis gratuitement à leur disposition.

L'esprit de clocher commence à se prononcer à Grenelle ; et c'est là encore un élément d'avenir. On remarque en effet, avec satisfaction, que toute question tendant au bien général, à la défense des droits ou priviléges du pays, domine au besoin chez les particuliers la pensée de leur intérêt propre, et sait se concilier dans les assemblées municipales l'unanimité des avis. On a pu en être frappé notamment lors de la division de la garde nationale de Vaugirard, de Grenelle et d'Issy. Vaugirard, fier de sa milice, a voulu s'ériger en bataillon, et a dédaigné le contingent dont Grenelle et Issy avaient jusque là grossi ses rangs. Les deux communes dédaignées ont répété le vers du Poète :

« Je marche dans ma force et dans ma liberté. »

Elles ont marché en effet ; trois compagnies ont été mises sur pied, et composent aujourd'hui un corps de plus de 500 hommes. Une ordonnance royale a autorisé cette disposition et a érigé Grenelle en chef-lieu du bataillon.

AVENIR DE GRENELLE.

Nous venons de considérer Grenelle dans l'ensemble de sa situation actuelle. Il nous reste à examiner ce que lui prépare l'avenir; et ce n'est point la partie la moins importante de nos recherches. Quel sera l'avenir de Grenelle ? grande question qui intéresse non - seulement nos propriétaires, mais encore le plus humble prolétaire du pays.

Plusieurs influences éventuelles peuvent avoir action sur cet avenir ; mais il ressort aussi de quelques circonstances indépendantes de la volonté, et même du hasard des choses. La situation géographique du pays, par exemple, est un des éléments les plus importants dont nous puissions tirer des inductions certaines. Jusqu'ici ce sont les parties de son territoire les plus voisines de Paris, qui ont eu le privilége d'attirer la population. C'est là que semble siéger, particulièrement dans la rue Croix-Nivert, et dans ses environs, toute l'activité de Grenelle. Mais de ce fait on ne saurait, ce nous semble, rien préjuger pour l'avenir. Là ne peut être le centre réel du pays. Sur ce point comme ailleurs, Paris, resserré dans d'étroites limites, déborde par ses barrières et rejette incessamment le trop plein de sa population. La destinée de Grenelle n'est point attachée à ce mouvement centrifuge : il a ses moyens propres d'existence et de développement.

La spéculation primitive, qui, malgré son échec, n'en a pas moins fondé Grenelle, s'était fourvoyée dans son principe même, qui prenait le pays comme exclusivement propre à un lieu de plaisance. Le quartier Violet, centre artificiel d'une ville improvisée, est resté ce qu'il était en 1830. Là encore ne peut être, à notre avis, le foyer vital ni l'avenir de Grenelle. Sans nier les agréments actuels de ce quartier pour l'habitation des gens de loisir, nous pensons qu'il ne peut être le point de départ de l'activité et du développement futur de notre cité.

Ce ne sont point les châteaux en effet, ni les théâtres, qui fondent les villes; mais les cours d'eau et les grandes routes. Grenelle possède des voies de communication importantes : celle qui conduit de Vaugirard au pont de Grenelle, et la rue du Transit, qui permet aux marchandises de tourner Paris sans le traverser. D'une autre part, dans son littoral de 1500 mètres d'étendue, bordé de terrains vagues, Grenelle ne possède-t-il pas encore une situation vraiment favorable à un grand développement commercial et industriel? Ses routes, son littoral, voilà les artères du pays. Quelques fabriques sont déjà venues s'y établir; d'autres s'y adjoindront plus tard, nous osons le prédire : la nature des lieux s'y prête admirablement, et nous ne craignons pas d'affirmer qu'avant 25 ans Grenelle aura subi une transformation complète. Les fabriques, d'abord concentrées sur le littoral avec leurs habitations d'ouvriers, s'avanceront peu à peu, et envahiront bientôt le cœur du pays. L'horizon chargé de vapeurs se sillonnera de hautes cheminées, et les ombrages de la rue Violet s'empreindront de sombres couleurs : mais en même temps la valeur des terrains, déjà doublée depuis dix années, obtiendra une augmentation plus rapide encore ; ce qui paraîtra sans doute aux propriétaires une suffisante compensation. On peut prévoir aussi que la population, croissant dans la même proportion, atteindra le chiffre des plus importantes localités du pourtour de Paris : même augmentation résultera pour les constructions et pour les valeurs locatives dans nos rues devenues marchandes et populeuses.

Alors, enfin, Grenelle, placé entre Vaugirard et le Gros-Caillou, soutiendra dignement le parallèle avec ces deux communes, et en partageant leur prospérité industrielle et commerciale, il gardera par surcroît les avantages propres à son heureuse situation.

En prédisant à notre pays cette brillante destinée au point de vue matériel, nous n'en saurions séparer un progrès bien autrement essentiel et important à nos yeux, c'est l'amélioration intellectuelle, morale et religieuse. Au temps dont nous parlons (puissent nos vœux être exaucés), des relations bienveillantes, l'amour du bien commun lieront et fondront en société les existences aujourd'hui trop isolées ; de nombreuses écoles assureront à toutes les classes l'enseignement qui éclaire l'esprit, l'éducation qui forme et moralise le cœur. D'utiles associations établiront entre tous une union véritable, et de fraternels secours ; des institutions prévoyantes, en rendant le présent meilleur, garantiront encore l'avenir. Enfin, en gardant à chaque travail son temps, à chaque affection sa place, à chaque devoir son rang, on remettra l'ordre en toutes choses; et l'ordre, c'est la paix dans le cœur, l'union dans la famille, la stabilité et la force dans la société. La vie alors à Grenelle sera non-seulement active, aisée et douce, elle sera mieux encore, elle sera juste et bonne : elle aura rempli son but.

FIN.

www.ingramcontent.com/pod-product-compliance
Ingram Content Group UK Ltd.
Pitfield, Milton Keynes, MK11 3LW, UK
UKHW012121240726
13965UKWH00005B/1892

9 782013 026208